JELLY
SWEETS

思わず見とれる

ゼリースイーツ

大越郷子

誠文堂新光社

ひんやり、キラキラ、ときめきSweets

暖かい季節になると恋しくなる、ゼリースイーツ。
ひんやりして、透明感があって、
カラフルなところが、人気の秘密です。
フルーツ(果汁)、ジュース、コーヒー、ミルクなどを、
ゼリー粉末で固めるだけで、
誰でも簡単に、ゼリースイーツが作れます。

なかでも季節のフルーツを使ったゼリースイーツは、
主役級の存在感があります。
フルーツの色・形・風味を、ゼリーの中に閉じ込めれば、
宝石箱のようにキラキラ輝き出します。
ほかのどんなスイーツよりも、フルーツの魅力を
ストレートに伝えられるのではないでしょうか。

本書では、3種のゼリー粉末で作る
スイーツを紹介していますが、もっとも大きな違いは食感です。
「ゼラチン」はつるんとして口溶けがよく、
「寒天」は歯切れよくほろりとして、
「アガー」はぷるぷるした弾力があります。
それぞれの特徴を活かしながら、
思わず見とれるゼリースイーツを考案しました。
みなさんもぜひ、作ってみてください。

大越郷子

CONTENTS

PART 2 ——「寒天」で作るスイーツ

Kanten

JELLY SWEETS

Recipe

PART 3 ——「アガー」で作るスイーツ

Agar

JELLY SWEETS

Recipe

PART 4 ── ゼラチン・寒天・アガーを、もっと知ろう

Jelly Lesson

作 り は じ め る 前 に …

●大さじ1は15mL、小さじ1は5mLです。

●レシピの材料は、作りやすい分量です。
器の大きさによって盛る量が異なるので、あくまでも目安にしてください。

●洋風のデザートや透明感をきれいに出したいときにはグラニュー糖を使い、
和風のスイーツには上白糖（白砂糖）を使っています。

●ゼリーを固めるときは、氷水にあてて粗熱を取ってから冷蔵庫に入れると早く固まり、
ジュースや牛乳などが下によどんでしまうのを防ぐことができます。

●表面をきれいに仕上げるためにはラップをしないで固めるのがコツです。
におい移りや乾燥が気になる場合には、固まってからラップをするとよいでしょう。

●粉ゼラチンは調理をする前に水でふやかしておきましょう。

●本書ではプリン型、ゼリー型、流し缶、エンゼル型などを使っています。
はずすときは「ゼリーを型からきれいに抜くコツ」（➡p.95）を参照してください。

●リキュールの量が多いレシピについては、子どもや妊娠中の方は注意が必要です。

PART 1

[Gelatin]

JELLY SWEETS
Recipe

「ゼラチン」で
作るスイーツ

粉ゼラチンを使って、
ゼリーやムース、プリンなどを作りましょう。
この章で使う粉ゼラチンは、板ゼラチンと比べて入手しやすく、
手軽に使えます。

生のフルーツ、ジュース、缶詰をはじめ、
コーヒーやミルクなどを加えれば、
おいしさは無限大。
多彩な楽しみ方ができます。

しっかり固めて型抜きしたり、
柔らかく作り、くずして器に盛ったり。
また、粉ゼラチンを多めに使えば、
マシュマロやグミも作ることができます。

コーヒーゼリー
ミルククリームのせ

限界まで水分を増やして作る
ふるふるのコーヒーゼリーに、
ふわふわのミルククリームをのせます。
シナモンをふって、大人の味わいに。

《コーヒーゼリー》

材料
（4〜5個分）

A ┌ 水 … 600mL
　│ インスタントコーヒー … 6g
　└ グラニュー糖 … 大さじ2
粉ゼラチン…5g
※水（大さじ2）でふやかしておく

作り方

1　鍋に **A** を入れ、中火にかけて沸騰させ、グラニュー糖が溶けたら火からおろし、ふやかしたゼラチンを加えて混ぜる。
2　一度ざるで漉してボウルに入れ、氷水にあてて粗熱が取れたら、器に等分に入れ、冷蔵庫で冷やし固める。

《ミルククリーム》

材料
（4〜5個分）

A ┌ 牛乳 … 280mL
　└ コンデンスミルク … 40g
粉ゼラチン…5g
※水（大さじ2）でふやかしておく
シナモン（パウダー） … 適量

作り方

1　鍋に **A** を入れ、中火にかけて沸騰する直前に火からおろし、ふやかしたゼラチンを加えて混ぜる。
2　一度ざるで漉してボウルに入れ、氷水にあてて泡立て器（またはハンドミキサー）で混ぜながら、泡立て器で筋が描けるくらいまで泡立てる（→*a*）。

《仕上げ》

《コーヒーゼリー》に、《ミルククリーム》をスプーンでのせ、シナモンをふる。

> *Point*
> 温かいうちにゼリーを一度漉すと、なめらかな口当たりになります。

スパークリングワインのゼリー

可愛い色のロゼを使っています。
泡を抱き込んだゼリーは、
ふんわり優しい味わいです。

材料
(3〜4個分)

A ┌ 水 ⋯ 100mL
　└ グラニュー糖 ⋯ 40g

粉ゼラチン ⋯ 5g
※水(大さじ2)でふやかしておく

スパークリングワイン(ロゼ) ⋯ 200mL

フルーツ(いちご、ブルーベリー、ラズベリー) ⋯ 適量
※いちごは縦8等分くらいに切る

ミント ⋯ 適量

作り方

1　鍋にAを入れ、中火にかけて沸騰させ、グラニュー糖が溶けたら火からおろし、ふやかしたゼラチンを加えて混ぜる。

2　ボウルに入れ、氷水にあててトロミがついたら、スパークリングワインを加え、泡立て器でトロリとするまで混ぜ、器に等分に入れる。

3　フルーツとミントをのせる。

Point
ゼリー液に少しトロミがついてから、スパークリングワインを加えると、泡を残したまま固めることができます。

りんごジュースのビール仕立てゼリー

「ビール1：りんごジュース5」が黄金比率。
子どもや、アルコールが苦手な方には、
ビールの代わりに炭酸水（加糖）を使いましょう。

《りんごゼリー》

材料	りんごジュース … 250mL
(4個分)	粉ゼラチン … 5g
	※水（大さじ2）でふやかしておく
	ビール … 50mL
	レモン汁 … 大さじ1

作り方

1 鍋にりんごジュースの半量（125mL）を入れて弱火で温め、火からおろし、ふやかしたゼラチンを加えて混ぜる。
2 ボウルに入れ、氷水にあてて粗熱が取れたら、残りのりんごジュース（125mL）とビール、レモン汁を加える。
3 器に等分に入れ、冷蔵庫で冷やし固める。

《泡ゼリー》

材料	卵白 … 1個分
(4個分)	グラニュー糖 … 15g
	粉ゼラチン … 2g
	※水（大さじ1）でふやかしておく

作り方

1 ボウルに、卵白とグラニュー糖を入れ、泡立て器（またはハンドミキサー）で白っぽくなるまで泡立てる。
2 ふやかしたゼラチンを加え、さらにツヤが出るまで泡立てる。

《仕上げ》

《りんごゼリー》に、《泡ゼリー》をスプーンでのせる。

Point
ゼラチンには、泡を抱き込む性質があるため、ビール（あるいは炭酸水）の泡を残したまま固めることができます。

梨のコンポート
しょうがゼリーがけ

上品でほのかな梨の香りに、
パンチのあるしょうがの香りをプラス。

材料
（5～6個分）

梨 … 2個

レモン … 1個

しょうが … 20g

ミント … 適量　※飾り用は別にとっておく

A ┌ ワイン（白）… 120mL

　　　│ 水 … 180mL

　　　└ グラニュー糖 … 80g

粉ゼラチン … 5g　※水（大さじ2）でふやかしておく

作り方

1　梨は皮をむいて8等分のくし形切り、レモンとしょうがは皮つきのまま薄切りにする。

2　鍋に **A** と 1 のレモン、しょうが、ミントを入れ、中火にかけて沸騰したら 1 の梨を加えて、5分加熱する。ボウルに入れ、粗熱が取れたら、冷蔵庫で1時間ほど漬け込む。

3　2 をざるにあけ、レモンとしょうが、ミントを取り除き、梨のコンポートとマリネ液に分ける。

4　鍋に 3 のマリネ液を入れて中火にかけ、沸騰したら火からおろし、ふやかしたゼラチンを加えて混ぜ、ボウルに入れる。粗熱が取れたら、冷蔵庫で冷やし固める。

5　器に 3 の梨のコンポートを等分に入れ、4 のしょうがゼリーをスプーンでくずしながら加え、飾り用のミントをのせる。

Point
梨を煮込んだときにできるマリネ液を、ゼラチンで固めておいしいゼリーに。ほかのフルーツのコンポートでも、応用できます。

ライチ＆ざくろのゼリー

ライチやざくろは、
独特な風味と歯ごたえが魅力。
エキゾチックな雰囲気のゼリーです。

材料
（2〜3個分）

ライチ … 10〜12個
ざくろ … 1個
ライム … 1個
A ┌ ワイン（白）… 120mL
　　│ 水 … 180mL
　　└ グラニュー糖 … 80g
粉ゼラチン … 5g　　※水（大さじ2）でふやかしておく

作り方

1　ライチは皮をむいて種を取り除き、縦2〜3等分に切る。ざく
　　ろは横半分に切り、スプーンなどで果肉を取り出す。ライムは皮
　　を薄くそいでせん切り（飾り用／少々）にし、横半分に切って果
　　汁を絞る。

2　鍋に**A**と1のざくろを入れて中火にかけ、沸騰したら火からお
　　ろし、1のライチと1のライム果汁、ふやかしたゼラチンを加え
　　て溶かす。ボウルに入れ、ラップをして常温で1時間ほど漬け
　　込み、粗熱を取る。

3　器に等分に入れ、冷蔵庫で冷やし固め、1の飾り用のライムの皮
　　をのせる。

Point
ライチとざくろの果肉に、シロップ（ワインやグラニュー糖）が入りやすくなるように、1時間ほど漬け込むとおいしくなります。

すいかとアセロラジュースのゼリー寄せ

元気の出る赤色のゼリーです。
甘いすいかに、アセロラジュースの酸味が加わって、
暑い日もシャキッとします。

材料
（4〜6個分）

すいか（小玉）… 約1/2個（正味400g）
アセロラジュース … 280mL
A ┌ はちみつ … 大さじ1
　　 └ レモン汁 … 大さじ1
粉ゼラチン…5g　※水（大さじ2）でふやかしておく
チャービル…適量

作り方

1　すいかはフルーツボーラーで果肉をくり抜く
　（→*a*）。

2　鍋にアセロラジュースと**A**を入れ、中火にか
　けて温まったら火からおろし、ふやかしたゼラ
　チンを加えて混ぜる。ボウルに入れ、粗熱が取
　れたら、冷蔵庫で冷やし固める。

3　器に2をスプーンなどでくずしながら入れ、1
　のすいかを加え、チャービルをのせる。

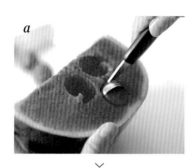

a

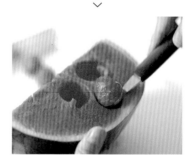

フルーツボーラーを使うときは、最初
にしっかりスプーン状の部分をすいか
に差し込んでから、くるりと1周さ
せると、きれいにくり抜けます。

オレンジ風味のパンナコッタ

イタリア発祥のスイーツ「パンナコッタ」。
オレンジを使った、おしゃれな味わいです。

材料
（3〜4個分）

オレンジ … 1個
コアントロー … 大さじ1・⅔
牛乳 … 400mL
生クリーム … 200mL
グラニュー糖 … 30g
粉ゼラチン … 10g　※水（大さじ4）でふやかしておく
ミント … 適量

作り方

1 オレンジは皮を少々すりおろす。包丁で皮をむいて1房ずつに分けて薄皮を取り除き、コアントロー（大さじ⅔）をふっておく。
2 鍋に牛乳、生クリーム、グラニュー糖、1のすりおろしたオレンジの皮を入れ、中火にかける。
3 グラニュー糖が溶けたら火からおろし、ふやかしたゼラチン、残りのコアントロー（大さじ1）を加えて混ぜる。
4 ボウルに入れて氷水にあて、トロミがつくまで混ぜる。器に等分に入れ、冷蔵庫で冷やし固める。
5 1のオレンジとミントをのせる。

Point
コアントローは、お菓子によく使われるオレンジのリキュール。少し加えるだけで、オレンジの風味が引き立ちます。

ブランマンジェ

フランス発祥のスイーツ「ブランマンジェ」。
白い食べ物という意味です。
パンナコッタとよく似ていますが、
アーモンドを使って風味をつけています。

材料

(3個分)プリン型
1個＝約90mL

牛乳 … 250mL

グラニュー糖 … 40g

アーモンド(スライス) … 50g

粉ゼラチン … 5g　※水(大さじ2)でふやかしておく

アマレット … 大さじ2

生クリーム … 100mL

飾り用の生クリーム(ホイップ) … 適量

飾り用のアーモンド(スライス) … 適量

作 り 方

1 鍋に牛乳、グラニュー糖、アーモンドを入れて中火にかけ、沸騰したら
　火からおろし、フタをしてそのまま 10 〜 15 分ほど蒸らす。

2 一度ざるで漉してアーモンドを取り除いてボウルに入れ、ふやかしたゼ
　ラチンを加えてよく混ぜ、粗熱が取れたらアマレットを加える。氷水に
　あて、トロミがつくまで混ぜる。

3 別のボウルに生クリームを入れ、2 の固さと同じぐらいの固さに泡立てる。

4 2 のボウルに、3 の生クリームを 1/4 量ほどを入れ、泡立て器で混ぜる。

5 残りの生クリーム 3/4 量も加え、ゴムベラで泡をつぶさないように混
　ぜる。型に等分に入れ、冷蔵庫で冷やし固める。

6 型から抜いて器に盛り、飾り用の生クリームを絞り、飾り用のアーモン
　ドをフライパンでから煎りしてのせる。

Point
アマレットは杏仁（あんずの核）から作ら
れたリキュール。アーモンドに似た香りで、
ブランマンジェによく使われます。

ぶどうとりんご酢の炭酸ゼリー

甘くて小粒のデラウエアに、
りんご酢とバルサミコ酢を加えて、
酸味の効いたゼリーです。

材料
（2〜3個分）

ぶどう(デラウエア) … 1房
A ┌ バルサミコ酢 … 大さじ1
　　 └ はちみつ … 大さじ1
ぶどうジュース … 100mL
粉ゼラチン … 5g　※水(大さじ2)でふやかしておく
りんご酢 … 80mL
炭酸水(無糖) … 80mL

作り方

1　ぶどうは皮をはずす。
2　ボウルに1のぶどうと**A**を入れて混ぜ、冷蔵庫で1時間ほど漬け込む。
3　鍋にぶどうジュースを入れ、中火にかけて温まったら火からおろし、ふやかしたゼラチンを加えて混ぜる。2のぶどうをマリネ液ごと加え、粗熱を取る。
4　りんご酢と炭酸水を加えて混ぜ、ボウルに入れ、冷蔵庫で冷やし固める。
5　器に4をスプーンですくって入れる。

Point
バルサミコ酢はぶどうの果汁から作られているので、生のぶどうにもよく合い、コクが出ます。

杏仁豆腐

生クリームをリッチに使った、
コクのある味わいです。
ゼラチンと寒天の両方を使うと、
もっちりしながら歯切れのよい、
絶妙な食感になります。

《杏仁豆腐》

材料
（4個分）

牛乳 … 450mL
生クリーム … 150mL
グラニュー糖 … 15g
杏仁霜 … 30g
粉寒天 … 2g
粉ゼラチン … 3g
※水（大さじ2）でふやかしておく

作り方

1 鍋に牛乳、生クリーム、グラニュー糖、杏仁霜、粉寒天を入れ、よく混ぜる。
2 中火にかけて混ぜ続け、温まってきたら弱火にして2〜3分煮て、火からおろす。
3 ふやかしたゼラチンを加え、一度ざるで漉す。
4 ボウルに入れて氷水にあて、トロミがつくまで混ぜる。
5 器に等分に入れ、冷蔵庫で冷やし固める。

《フルーツシロップ》

材料
（4個分）

あんず（乾燥）… 8個
クコの実（乾燥）… 大さじ2〜3
水 … 100mL
グラニュー糖 … 30g

作り方

1 あんずは小さく切る。
2 鍋にすべての材料を入れ、5分ほど煮る。

Point
杏仁霜とは、あんず（アプリコット）の核を粉末状にしたものです。大手スーパーや、製菓材料店で入手できます。

《仕上げ》

《杏仁豆腐》に、《フルーツシロップ》をのせる。

28

シャインマスカットゼリー

甘みの強いシャインマスカットを贅沢に使って。
コンポート＆フレッシュのダブル使いで、
爽やかな風味と、深い味わいが楽しめます。

材 料
（4〜5個分）

| シャインマスカット … 1房 |
| レモン（国産）… 1/2個 |
| **A** ┌ ワイン（白）… 100mL |
| │ 水 … 200mL |
| └ グラニュー糖 … 80g |
| カモミールティー（ティーバッグ）… 1袋 |
| 粉ゼラチン … 7g　※水（大さじ3）でふやかしておく |

作 り 方

1 シャインマスカットは、1粒ずつに分ける。レモンは薄い半月切りにする。

2 鍋に **A** とカモミールティー、1のレモンを入れ、中火にかけて沸騰したら、2分ほど弱火にかけ、火からおろす。

3 2をざるで漉し、カモミールティーとレモンを取り除く。ふやかしたゼラチンと1のシャインマスカット（6〜8粒ほど残す）を加える。常温で1時間ほど漬け込む。

4 粗熱が取れたら、冷蔵庫で冷やし固める。

5 残りのシャインマスカットを小さく切って加え、器にスプーンでくずしながら等分に入れる。

Point
カモミールティーとレモンの風味をプラスすることで、味に奥行きが出ます。

濃いいちごのゼリー

水をほとんど使わずに作っているので、
いちごのおいしさがストレートに伝わります、
本格的な濃い味わいです。

材料

(5個分)ゼリー型
1個＝55mL

いちご ‥‥‥ 280g
グラニュー糖 ‥‥‥ 40g
レモン汁 ‥‥‥ 大さじ1
粉ゼラチン ‥‥‥ 5g
※水(大さじ2)でふやかしておく

作り方

1　いちごはヘタを取り、一口大に切る。
2　ガラスなどの耐熱ボウルにいちご（半量）とグラニュー糖を入れ、スプーンでグラニュー糖を絡め、30分ほどおく。
3　電子レンジに 2 を入れ、2分ほど加熱（600w）する。レモン汁を加えて、さらに 30 秒加熱し、ふやかしたゼラチンを加えて混ぜる。
4　残りのいちご（半量）を加えて混ぜ、氷水にあててトロミがつくまで混ぜる。
5　型に等分に入れ、冷蔵庫で冷やし固める。
6　器に 5 のいちごのゼリーを型からを出して盛る。

> *Point*
> トロミをつけてから型に入れて固めると、
> 果肉が均等になるので、見た目も味もよく
> なります。

卵プリン

卵黄と生クリームで、濃厚なおいしさ。
バニラビーンズを使えば、本格的な味になります。

《卵プリン》

材料
(4個分)
ヨーグルト瓶1個
=約100mL

卵黄 … 2個分
グラニュー糖 … 40g
牛乳 … 280mL
生クリーム … 50mL
バニラビーンズ
（バニラエッセンスでもよい）… 少々
粉ゼラチン … 5g
※水（大さじ2）でふやかしておく

作り方

1 ボウルに卵黄とグラニュー糖を入れ、泡立て器（またはハンドミキサー）で混ぜる。

2 1を湯せんしながら、白っぽくもったりするまで泡立てる。

3 鍋に牛乳、生クリーム、バニラビーンズを入れて中火にかけ、鍋のふちから少し湯気が出るくらいまで温める。火からおろし、ふやかしたゼラチンを入れて混ぜ、2を加えて混ぜる。

4 ボウルに入れ、氷水にあててトロミがつくまで混ぜる。器に入れ、冷蔵庫で冷やし固める。

《カラメルソース》※少しゆるめのソースです

材料
(ヨーグルト瓶4個分)

グラニュー糖 … 30g
水 … 75mL

作り方

1 鍋にグラニュー糖を入れて中火にかけ、色づいてきたら火からおろし、水を加える。
※はねやすいので注意

2 ふたたび中火にかけてよく混ぜ、均一なカラメル色になったら、火からおろし、粗熱を取る。煮つめすぎないように注意。

Point
バニラビーンズ（ホール）を使う場合は、包丁でサヤに縦に切り込みを入れ、包丁の先で種をこそげて使います。

《仕上げ》

《卵プリン》に、《カラメルソース》をかける。

缶詰フルーツゼリー

子どもの頃に一度は食べたことがある、大好きなおやつ。
好みの缶詰を使って、手軽に作ることができます。

材料

（各フルーツ缶詰
1個分）

フルーツ缶詰（もも、パイナップル、みかん）の果肉 … 80g

A ┌ 缶汁 … 160mL
　　└ 水 … 100mL

※みかんの缶詰の場合は、水の代わりに、オレンジジュース（100mL）を使用する

粉ゼラチン … 5g

※水（大さじ2）でふやかしておく

作り方

1　フルーツ缶詰の果肉は、一口大に切る。

2　鍋に **A** を入れて中火にかけ、一度軽く沸騰したら火からおろし、
　　ふやかしたゼラチンを加えて混ぜる。

3　ボウルに入れ、氷水にあてて粗熱が取れたら、I の果肉を加え、
　　トロミがつくまで混ぜる。

4　器に入れ、冷蔵庫で冷やし固める。

Point
生のパイナップルは、タンパク質分
解酵素があるので、ゼラチンを使う
と固まりませんが、缶詰は加熱して
あるので大丈夫です。

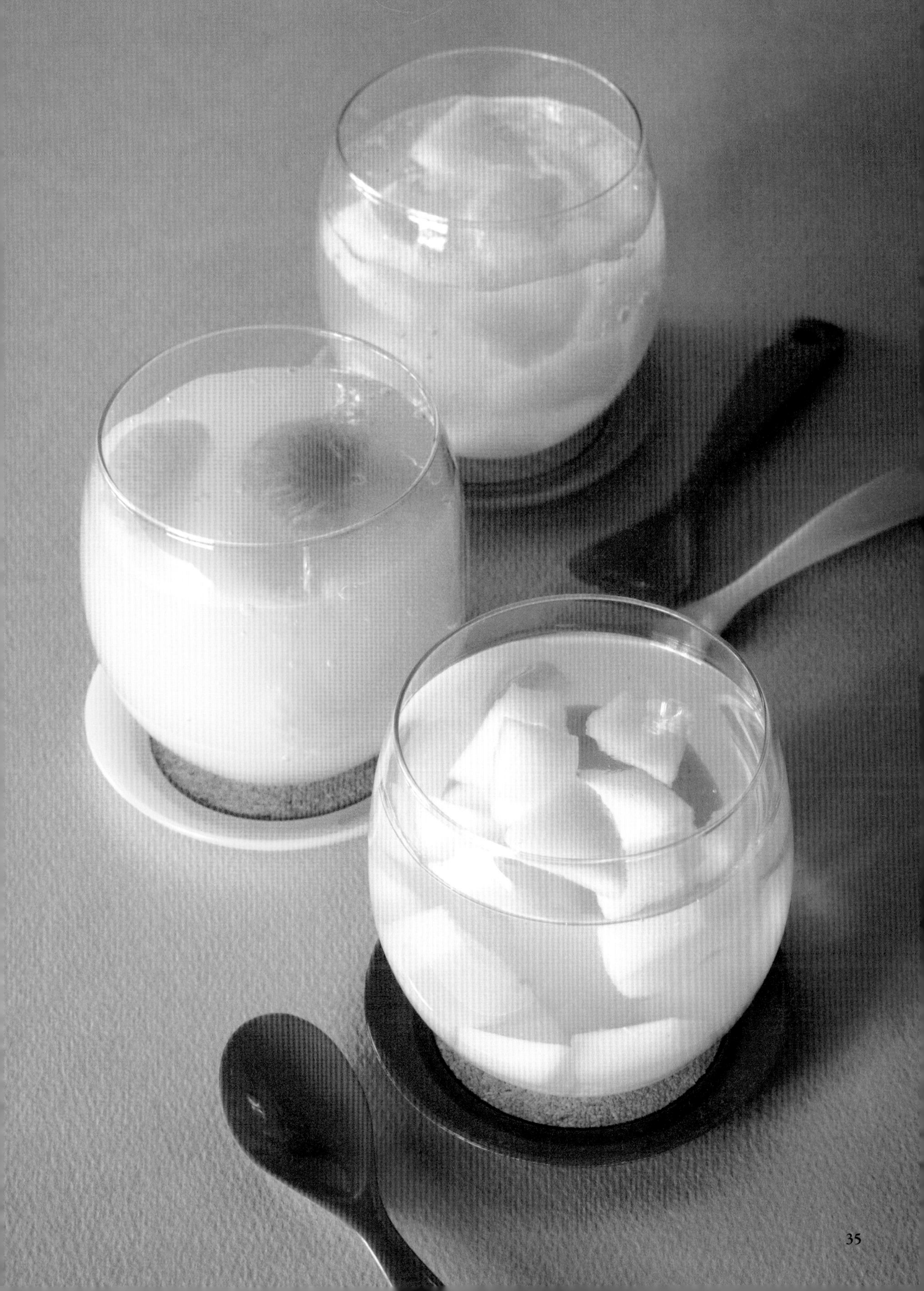

チョコレートムース

メレンゲを使ったムースは、
ふんわりした口溶けが特徴です。

材料
(約4個分)

チョコレート(板) … 100g
生クリーム … 100mL
卵黄 … 2個分
グラニュー糖 … 50g
粉ゼラチン … 3g　※水(大さじ2)でふやかしておく
卵白 … 2個分
飾り用の生クリーム(ホイップ) … 適量
ココア(パウダー) … 適量
粉糖 … 適量
チャービル … 適量

作り方

1　ボウルに、チョコレートを刻んで入れて湯せんで溶かし、生クリームを加えて混ぜる。

2　別のボウルに卵黄を入れ、グラニュー糖(20g)を加えて湯せんしながら、泡立て器で白っぽくなるまで泡立てる。

3　2のボウルに1を入れ、電子レンジ(600w)で20秒ほど加熱したゼラチンを加えて混ぜる(好みでキルシュやブランデーなど大さじ1ほど加えてもよい)。

4　別のボウルに卵白を入れ、数回に分けて残りのグラニュー糖(30g)を加えながら、泡立て器(またはハンドミキサー)でツノがピンと立つまで泡立て、メレンゲを作る。

5　3に4の1/3量を入れて、泡立て器でよく混ぜ、残りの4を加え、ゴムベラで泡をつぶさないようにさっくりと混ぜ、冷蔵庫で冷やし固める。

6　器にスプーンで5を入れ、飾り用の生クリーム(ホイップ)をのせ、茶漉しなどでココアと粉糖をふり、チャービルをのせる。

2層のワインゼリー

淡い風味の白ワインと、
濃い風味の赤ワインの組み合わせ。
大人だけが味わえる至福のゼリーです。

《赤ワインゼリー》

材料
(3個分)

A ┌ 水 … 80mL
　│ ワイン（赤）… 200mL
　└ グラニュー糖 … 50g
粉ゼラチン … 5g
※水（大さじ2）でふやかしておく

作り方

1　鍋に **A** を入れて中火にかけ、グラニュー糖が溶けたら、火からおろし、ふやかしたゼラチンを加えて混ぜる。

2　ボウルに入れ、氷水にあてて混ぜ、トロミがついたら、器に等分に入れ、冷蔵庫で冷やし固める。

《白ワインゼリー》

材料
(3個分)

A ┌ ワイン（白）… 280mL
　└ グラニュー糖 … 30g
粉ゼラチン … 5g
※水（大さじ2）でふやかしておく
ミント … 適量

作り方

1　鍋に **A** を入れて中火にかけ、グラニュー糖が溶けたら、火からおろし、ふやかしたゼラチンを加えて混ぜる。

2　ボウルに入れ、粗熱が取れたら、冷蔵庫で冷やし固める。

《仕上げ》

《白ワインゼリー》をフォークなどでくずし、ちぎったミントを加えて混ぜ、《赤ワインゼリー》にのせる。

Point
アルコール度数が高いゼリーなので、車の運転や妊娠中の方は気をつけましょう。

ふわふわマシュマロ

ゼラチンで自家製マシュマロが作れます。
くっつきやすいので、
コーンスターチをたっぷりはたきましょう。

材料

（作りやすい分量）

水 … 60mL

グラニュー糖 … 60g

水あめ … 20g

粉ゼラチン … 10g

※水(大さじ4)でふやかしておく

卵白 … 1個分

コーンスターチ … 適量

色粉(好みで) … 少々

作り方

1　鍋に水とグラニュー糖、水あめを入れて中火にかけて沸騰させ（→ *a*）、すべて溶けたら火からおろし、ふやかしたゼラチンを加えて（→ *b*）混ぜる。

　※色粉を入れる場合はこのタイミングで加える

2　ボウルに卵白を入れ、ハンドミキサー（または泡立て器）で白っぽくなるまで泡立てながら、1 を少しずつ加えて混ぜる（→ *c*）。ツヤが出て、卵白がゆっくり落ちるぐらいの固さになるまで混ぜる。

3　バットにコーンスターチをたっぷり広げ、卵などでくぼみを作る（→ *d*）。2 をスプーンで流し入れ（→ *e*）、上からもコーンスターチをたっぷりかける（→ *f*）。

4　1 時間ほどおき、固まったらまわりのコーンスターチをはたいて落とす。

《角形に作る場合》

保存容器にコーンスターチをまんべんなく敷き詰め、上に生地を流し入れて、表面にもコーンスターチをまぶす。固まったら取り出し、角形に切る。

ぷるぷるグミ

ぷるんとした食感が魅力のグミ。
コロンとした可愛い形に作りました。

材料

（半円形の
小さめの
製氷皿1個分）

フルーツジュース	
（ぶどう、オレンジ、りんご）… 90mL	
レモン汁 … 大さじ1	
粉ゼラチン … 10g（ふやかさないでおく）	
水あめ … 20g	
サラダ油 … 少々	

作り方

1 ボウルにフルーツジュース、レモン汁を入れてよく混ぜ、粉ゼラチンを加えてふやかす。

2 湯せんにかけてゼラチンが溶けたら、水あめを加えてよく混ぜる。

3 製氷皿（またはシリコン型）にサラダ油を薄く塗り、2 を入れ、冷蔵庫で冷やし固める。

4 製氷皿から抜き、器に盛る。

Point
手作りのグミには添加物が入っていないため、冷蔵保存をおすすめします。

PART 2

/

[**Kanten**]

JELLY SWEETS
Recipe

「寒天」で
作るスイーツ

この章で使う粉寒天は、棒寒天より扱いやすく、
分量も細かく調整できます。

和菓子のイメージが強い寒天ですが、
琥珀糖やタピオカミルク、フルーツポンチなど、
幅広い展開が楽しめます。

寒天は型に抜いたり、
包丁で切ったりできます。
切るときには、しっかり角をとがらせることが、
おいしそうに見せる重要なポイントです。

水ようかん

家でも簡単にできる、
こしあんで作る、なめらかな水ようかんです。
甘さはお好みで調整できます。

材料
（流し缶
140×110×45㎜
1台分）

水 … 550mL
粉寒天 … 4g
上白糖 … 50g
こしあん(市販) … 250g

作り方

1 鍋に水と粉寒天を入れ、中火にかけて沸騰させ、弱火にして2分ほど煮溶かす。

2 上白糖とこしあんを加えてよく混ぜ、全体になじんだら、火を止める。ボウルに入れ、トロミがつくまで混ぜる（→ *a*）。

3 流し缶に入れ、冷蔵庫で冷やし固める（流し缶の底に水をあてて冷ましてもよい）（→ *b*）。

4 好みの大きさに切り、器に盛る。

> *Point*
> 流し缶がない場合は、バットでも代用できます。プリン型で作っても可愛いです。

a

b

ミルクあずき寒天

イメージは、あずきアイスの寒天バージョン。
しっかり甘くしたほうがおいしい。
子どもからお年寄りまで人気の味です。

材料

(6個分)プリン型
1個＝約90mL

| 水 … 150mL |
| 牛乳 … 400mL |
| 粉寒天 … 4g |
| 上白糖 … 40g |
| ゆであずき(缶詰) … 250g |

作り方

1 鍋に水と粉寒天を入れ、中火にかけて沸騰させる。弱火にして1〜2分混ぜ、上白糖を加えて煮溶かす。牛乳を加えて混ぜ、火を止める。

2 粗熱が取れたら、ゆであずきを加え、トロミがつくまで混ぜる。

3 型に等分に入れ、冷蔵庫で冷やし固める（型の底に水をあてて冷ましてもよい）。

4 型から抜き、器に盛る。

> *Point*
> あずきを加えて、トロミがつくまでよく混ぜれば、あずきが型の底に沈まず、均等に入ります。

いちご抹茶寒天

白あんに抹茶の風味が加わり、
とても上品な味わい。
真っ赤ないちごが、可愛いアクセントに。

材料

（流し缶
140×110×45mm
1台分）

水 … 550mL
粉寒天 … 4g
A ┌ 抹茶 … 8g
　　 └ 上白糖 … 50g
白あん（市販）… 300g
いちご … 9〜12粒

作り方

1　鍋に水と粉寒天を入れ、中火にかけ沸騰させ、弱火にして2分
　　ほど煮溶かす。

2　混ぜ合わせた **A** と白あんを加えてよく混ぜ、全体になじんだら、
　　火を止め、トロミがつくまで混ぜる。

3　流し缶に入れ、ヘタを取ったいちごを埋め込むように等分にのせ、
　　冷蔵庫で冷やし固める（流し缶の底に水をあてて冷ましてもよ
　　い）。

4　適当な大きさに切り、器に盛る。

Point
寒天を切るときは、包丁をスッと手前に引
きながら一気に下ろすと、切り口がきれい
になります。包丁を何度も前後に動かさな
いようにしましょう。

あじさい寒天

青色と紫色のゼリーを角切りにし、
あじさいの花に見立てて、こしあんにまとわせます。
おもてなしにも使える上等な和菓子です。

《青色のあじさい》

材料
（6〜8個分）

水 … 250mL
粉寒天 … 2g
上白糖 … 20g
水あめ … 大さじ1
ブルーハワイシロップ … 大さじ2
こしあん（市販）
… 20g×6〜8個分

《紫色のあじさい》

材料
（6〜8個分）

水 … 70mL
粉寒天 … 2g
上白糖 … 20g
水あめ … 大さじ1
ぶどうジュース … 180mL
こしあん（市販）
… 20g×6〜8個分

作り方

1 鍋に水と粉寒天を入れ、中火にかけて沸騰させ、1〜2分混ぜながら加熱する。上白糖と水あめを加えて混ぜ、溶けたら火を止め、ブルーハワイシロップを加えて混ぜる。

2 バットに入れ、冷蔵庫で冷やし固め、5〜6mmの角切りにする。

3 こしあん（20g）をラップで一口大に丸め、2を表面にまぶす（→*a*）。

4 手の平と指で包み込むようにして、こしあんに寒天を密着させる（→*b*）。6〜8個作る。

※《紫色のあじさい》も、同様に作る

> *Point*
> あじさいの花の部分のゼリーは、細かく同じ大きさに角切りにすると、きれいに仕上がります。

a

b

フルーツの茶巾包み寒天

好きなフルーツを何種類か彩りよく、
リズミカルに並べて盛ると、
楽しいひと皿になります。

材料
（6～8個分）

フルーツ
（すいか、いちじく、キウイフルーツ）… 各適量
水 … 200mL
粉寒天 … 4g
上白糖 … 20g
杏露酒（しんるちゅう）… 150mL
レモン汁 … 大さじ1

> *Point*
> 茶巾状に包むときは、最後に空気が入らな
> いようにしっかりひねると、きれいな形に
> 仕上がります。

作り方

1 すいかは種を取り、いちじくは皮つきのまま、
キウイフルーツは皮をむく。それぞれのフル
ーツを、一口大に切る。

2 鍋に水と粉寒天を入れ、中火にかけて沸騰さ
せ、弱火にして2分ほど煮溶かす。

3 上白糖を加えて煮溶かし、火を止める。杏露
酒、レモン汁を加えて混ぜる。

4 小鉢などにラップを広げて敷き、3を等分に
入れ、1のすいかを中心に置き（→**a**）、ラ
ップの端を両手で持ち上げて茶巾状に包んで
ひねり（→**b**）、輪ゴムで縛り（→**c**）、氷水
に入れる（→**d**）。他のフルーツも同様に作る。

5 固まったら、ラップをはずし、器に盛る。

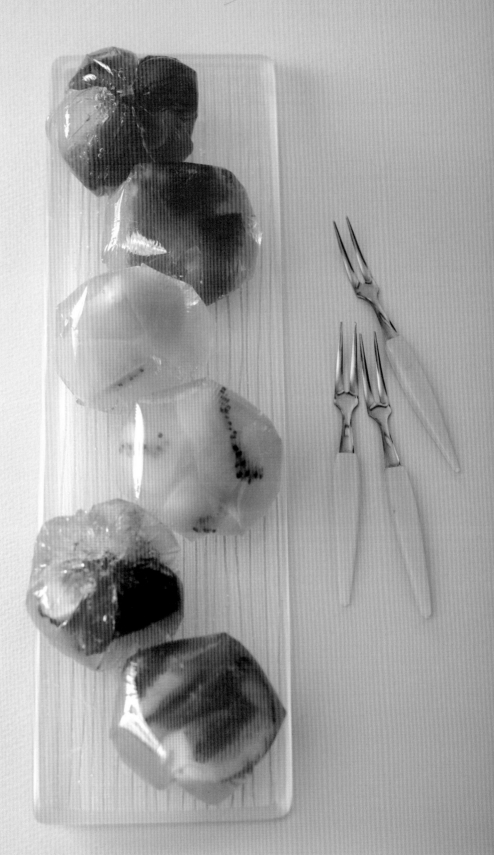

琥珀糖

乾燥具合によって、しんなりしたり、シャリシャリしたり、
いろいろな食感が楽しめるのが、手作りの醍醐味です。
小袋に入れて、プレゼントしても。

材料

（バット
200×140
×30mm
1枚分）

水 … 200mL

粉寒天 …4g

上白糖 … 250g

好みの色粉 … 適量

※少量の水で溶いておく

Point

上白糖を大量に使うので驚かれますが、上白糖の量を減らすと、透明感が少なく、表面が結晶化しにくくなり、日持ちがしなくなります。

作り方

1 鍋に水と粉寒天を入れ、ヘラでよく混ぜてから（→**a**）、中火にかける。

2 常に混ぜながら、沸騰したら上白糖をすべて加える（→**b**）。

3 さらに混ぜながら、（→**c**）沸騰したらフツフツとする火加減で、混ぜ続ける。

4 ヘラを持ち上げたときに細い糸状になるまで（→**d**）、10～15分ほど煮込む。

5 水で濡らしたバットに、茶漉しで漉しながら入れる（→**e**）。

6 好みの色粉をスプーンで数滴たらす（→**f**）。

7 竹串などで模様をつける（→**g**）。

8 模様をつけ終えて（→**h**）、粗熱が取れたら、冷蔵庫で1～2時間冷やし固め、バットから取り出す。

9 クッキングシートを敷いたバットに、8を手でちぎりながらくっつかないように並べ（→i）、表面が乾燥するまで数日乾かす。

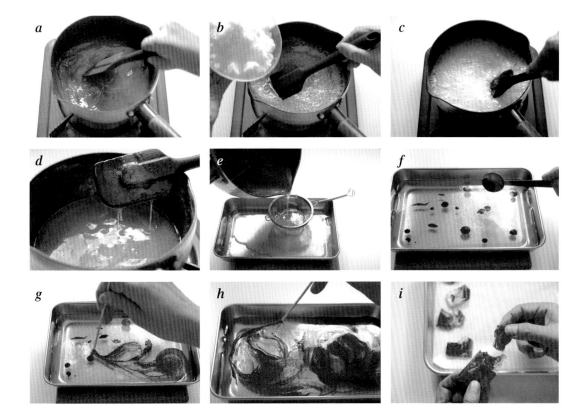

くずし寒天とタピオカ入りチャイ

スパイスを引き立たせるために、
上白糖ではなく、きび砂糖を使います。

《きび砂糖寒天》

材料
（2〜3杯分）

水 … 300mL
粉寒天 … 2g
きび砂糖 … 50g

作り方

1 鍋に水と粉寒天を入れ、中火にかけて1〜2分混ぜながら加熱し、きび砂糖を加えて煮溶かす。
2 ボウルに入れ、粗熱が取れたら、冷蔵庫で冷やし固める。

《タピオカ》

材料
（2〜3杯分）

ブラックタピオカ(乾燥/市販)
… 大さじ3〜4

作り方

タピオカは小鍋に入れ、たっぷりの水を加えて、6時間ほどそのまま浸して戻し、20分ほどゆでる。

《チャイ》

材料
（2〜3杯分）

水 … 200mL
紅茶(茶葉) … 大さじ1
好みのスパイス
(シナモンスティック、クローヴ、
八角など) … 適量
牛乳 … 300mL
きび砂糖 … 60g

作り方

1 鍋に水と紅茶、好みのスパイスを入れて中火にかけ、沸騰したら牛乳ときび砂糖を加える。ふたたび温まったら、火を止める。
2 フタをして5分ほど蒸らし、茶こしで漉して、冷蔵庫で冷やす。

《仕上げ》

器に、スプーンなどでくずした《きび砂糖寒天》と、水気を切った《タピオカ》を入れ、冷やした《チャイ》を注ぐ。

寒天入りフルーツポンチ

たっぷりの寒天フルーツと、
フレッシュなフルーツを盛り込んで。
炭酸がシュワッとはじけて、
パーティー映えする一品です。

材料
（作りやすい分量）

フルーツ
（キウイフルーツ、いちご、りんご、
ピンクグレープフルーツなど）… 適量

《オレンジジュース寒天》
オレンジジュース … 300mL
粉寒天 … 2g

《りんごジュース寒天》
りんごジュース … 300mL
粉寒天 … 2g

炭酸水（加糖）… 適量

作り方

1 キウイフルーツは皮をむき、いちごはヘタを
取り、りんごは皮つきのまま、ピンクグレー
プフルーツは皮をむき、小房に分け、1房ず
つ薄皮を取る。すべてのフルーツを一口大に
切る。

2 2つの鍋に、それぞれのジュースと粉寒天を
入れ、中火にかけて沸騰させ、弱火にして2
分ほど混ぜながら加熱し、火を止める。

3 粗熱が取れたら、それぞれのジュース寒天ご
とにバットに入れ、冷蔵庫で冷やし固める。

4 3をそれぞれ1.5cm角に切り、1のフルーツと
合わせて器に盛り、炭酸水を注ぐ。

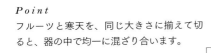

Point
フルーツと寒天を、同じ大きさに揃えて切
ると、器の中で均一に混ざり合います。

寒天入りアイスクリーム

バニラアイスクリームに、
ジュースを使った2種類の寒天を混ぜて、
味と食感の変化を楽しんで。

材料
（4個分）

水 … 100mL×2
粉寒天…2g×2
フルーツジュース(オレンジ、ぶどう) … 各150mL
バニラアイスクリーム … 大きいスプーン4
※アイスクリームディッシャーでもいいです

作り方

1 鍋に水と粉寒天を入れ、中火にかけて沸騰させ、1～2分混ぜながら加熱して火を止め、フルーツジュースを加えて混ぜる。

2 1を別々のボウルに入れ、冷蔵庫で冷やし固める。

3 2のフルーツ寒天を食べやすい大きさに切り、飾り用に1/8量ほど残す。

4 少し柔らかくしておいたバニラアイスクリームに、2のフルーツ寒天を加えて混ぜ、冷凍庫で冷やし固める。

5 4を大きいスプーンで器に盛り、3の飾り用のフルーツゼリーを混ぜて等分にのせる。

> *Point*
> マンゴーやクランベリー、フルーツミックスなど、好みのフルーツジュースを使っても同じように作れます。

PART 3

[Agar]

JELLY SWEETS
Recipe

「アガー」で
作るスイーツ

アガーは寒天の仲間ですが、
無味無臭で透明度が高いのが魅力です。

ダマになりやすいため、
砂糖と混ぜてから液体に加え、
加熱中も混ぜ続けることがポイントです。
常温で固まるので、手早く作業しましょう。

透明度の高さを活かした水ゼリーをはじめ、
フルーツがきれいに透けて見える、
テリーヌやゼリーケーキなど、
キラキラして素敵なスイーツが完成します。

水ゼリー

水だけで作った、
大きな水滴のようなゼリー。
アガーならではの透明感です。

材 料

（6個分）
耐熱ガラス小鉢1個
＝約75mL

アガー … 15g

水 … 500mL

きなこ … 適量

黒蜜 … 適量

作 り 方

1　鍋にアガーを入れ、少しずつ水を加えてよく混ぜる。

2　中火にかけて混ぜ続け、透明になったら火からおろし、小鉢に等
　　分に入れ、冷蔵庫で冷やし固める。

3　小鉢から抜き、器に盛る。きなこ、黒蜜を添える。

フルーツのテリーヌ

フルーツをぎっしり詰めた、
断面が美しいテリーヌ。
アセロラジュースがまとめ役です。

材料

(パウンド型
170×80
×60mm
1台分)

いちご … 約14粒
グレープフルーツ … 1個
巨峰 … 約18粒
A ┌ グラニュー糖 … 50g
　　└ アガー … 30g
アセロラジュース … 460mL

> *Point*
> パウンド型に、フルーツをすき間なく詰め
> 込みましょう。包丁で切りやすくなり、形
> よく仕上がるコツです。

作り方

1　いちごはヘタを取り、グレープフルーツは皮
　をむいて小房に分け、1房ずつ薄皮を取り、
　巨峰は皮をむく。

2　ボウルに **A** を入れて混ぜ、少しずつアセロ
　ラジュースを加え、さらに混ぜる。

3　鍋に入れ、中火にかけて混ぜ続け、沸騰直前
　に火からおろし、ざるで漉しながらボウルに
　あける。

4　パウンド型を氷水にあて（→*a*）、1の巨峰
　を詰め（→*b*）、3のジュースを1/3量入れ
　る（→*c*）。少し固まってきたら、1のグレー
　プフルーツを詰めて3のジュースを1/3量
　入れる（→*d*）。さらに少し固まってきたら、
　1のいちごを詰めて3の残りのジュースを入
　れる（→*e*）。

5　冷蔵庫で冷やし固め、型から抜いて器に盛り、
　切り分ける。

a

b

c

d

e

ももとヨーグルトの2層ゼリー

旬のももを皮まで使って、
きれいなピンク色のゼリーに。
ヨーグルトの酸味が爽やかです。

《もものゼリー》

材料	もも … 1個（約240g）
(クグロフ型 直径140mm 1台分)	**A** ┌ 水 … 300mL │ グラニュー糖 … 50g └ レモン（薄切り） … 5〜6枚 **B** ┌ グラニュー糖 … 10g └ アガー … 25g

作り方

1 ももは流水で手でこすりながら洗い、産毛を取る。皮ごと8等分のくし形切りにする。

2 鍋に **A** を入れて中火にかけ、沸騰したら1のももを加えて火を止め、ボウルに移して、冷蔵庫で一晩漬け込んでマリネする。

3 鍋に **B** を入れて混ぜ、2のマリネ液を少しずつ加える。

4 中火にかけて混ぜ続け、全体が溶けたら火からおろす。一度ざるで漉してボウルに入れ、レモンを取り除く。氷水にあてて混ぜ続け、トロミをつける。

5 2のももは皮をむいて一口大に切り、型に入れる。4のゼリーを加えて、冷蔵庫で冷やし固める。

※ももの大きさによって量が変わるので、型に入れるゼリーの量は、半分程度にする

《ヨーグルトのゼリー》

材料	ヨーグルト（無糖）… 150g
(クグロフ型 直径140mm 1台分)	はちみつ … 大さじ1 カルピス®（水で4〜5倍に希釈） … 100mL **A** ┌ グラニュー糖 … 10g └ アガー … 15g

作り方

1 ボウルにヨーグルトとはちみつを入れ、よく混ぜる。

2 鍋にカルピスと1の半量を入れ、混ぜ合わせた **A** を加えて、中火にかけて混ぜ続ける。

3 全体がよく溶けたら火からおろし、残りの1を加えて混ぜる。

> *Point*
> ももの皮を一緒に加熱して漬け込むと、きれいなピンク色のゼリーになります。

《仕上げ》

1 《もものゼリー》の表面に、竹串などで少しスジをつける。
  ※2層をはがれにくくするために、スジをつける。

2 《ヨーグルトのゼリー》を加え（→**a**）、冷蔵庫で冷やし固める。

3 型から抜き、器に盛る。
  ※型のまわりを温めると、抜きやすい

a

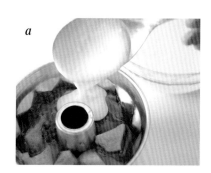

メロンゼリー

熟したメロンを、丸ごと使います。
皮の部分を器に、果肉をそのままゼリーに。
赤肉メロンを使っても作れます。

材料
（メロン1個分）

メロン … 1個（約700g／正味）
A ┌ グラニュー糖 … 20g
　 └ アガー … メロン液の重さの10%分
レモン汁 … 大さじ2
※メロンジュース、または水でもよい

a

b

c

作り方

1 メロンは横半分に切り、タネとワタを取り除く。果肉はスプーンでくり抜き、メロンの皮の器を2つ作り、それぞれ皮の内側に竹串などで細かくスジを入れる（→*a*）。

2 1のメロンの果肉をミキサーにかけ、メロン原液を作る。

3 1のメロンの皮の2つの器に、2のメロン原液を等分に入れてみて、分量が足りなければ、メロンジュースか水（ともに分量外）を加える。ボウルに入れて混ぜ、メロン液を作り、重さを量ってアガーの量を計算する。

4 鍋に3のメロン液を1/2〜2/3量入れ、混ぜ合わせた**A**を加える。中火にかけて混ぜ続け、トロミがついたら火からおろし、残したメロン液とレモン汁を加えて混ぜる。

5 メロンの皮の2つの器が動かないようにバットなどの上にのせ、4をスプーンで等分に入れ（→*b*）、冷蔵庫で冷やし固める。

6 包丁で、好みの大きさに切る（→*c*）。

> *Point*
> メロンの皮の器の内側に、竹串で細かくスジをつけておくと、ゼリーがはがれにくくなります。

キウイフルーツのゼリー

甘酸っぱいキウイフルーツを、たっぷりすりおろして。
ゼラチンでは固まりにくいキウイフルーツも、
アガーなら作ることができます。

材料
（3〜4個分）

キウイフルーツ … 3個
A ┌ グラニュー糖 … 50g
　　 └ アガー … 20g
水 … 100mL
炭酸水（無糖）… 100mL
チャービル … 適量

作り方

1 キウイフルーツは、皮をむき、すりおろす。

2 ボウルに **A** を入れて混ぜ、少しずつ水を加えながらさらに混ぜる。

3 鍋に入れ、中火にかけて混ぜ続け、トロミがついたら、1のキウイフルーツを加えて混ぜる。火からおろし、炭酸水を少しずつ加え、さらに混ぜる。

4 ボウルに 3 を入れ、冷蔵庫で冷やし固める。

5 器に、4 をスプーンなどで粗くほぐして等分に入れ、チャービルをのせる。

かき氷 マンゴーゼリーのせ

マンゴーの果肉たっぷりのゼリーは、
手作りならではのおいしさ。
甘くとろける、南国の氷菓です。

材料
（3〜4個分）

マンゴー … 1個
A ┌ グラニュー糖 … 50g
　　└ アガー … 12g
マンゴージュース … 200mL
かき氷 … 適量

作り方

1　マンゴーは種を避けて切り、包丁でサイの目に切り込みを入れ、スプーンで果肉をすくう。
2　鍋に **A** を入れて混ぜ、少しずつマンゴージュースを加え、よく混ぜる。中火にかけて混ぜ続け、トロミがついたら、火からおろし、1のマンゴーを加えて混ぜる。
3　ボウルに 2 を入れ、冷蔵庫で冷やし固める。
4　器にかき氷を盛り、3 のマンゴーゼリーをスプーンなどでくずして等分にのせる。

ゼリーケーキ

ゼラチンを使ったチーズケーキの上に、
アガーの透明なゼリーを重ねて、
宝石を散りばめたようなケーキに。

《チーズケーキ》

材料

（ケーキ型
直径150mm
1台分）

	スポンジ（市販・直径15cm）… 1枚
	※厚さ1cmに切っておく
	ヨーグルト（無糖）… 120g
	※ボウルにざるをのせて、キッチンペーパーを敷き、ヨーグルトを入れてラップをして冷蔵庫に入れ、一晩おいて水切りをし、ヨーグルト（60g）と、乳清（60g）に分ける
A	卵黄 … 1個分
	グラニュー糖 … 30g
	牛乳 … 50mL
	粉ゼラチン … 5g
	※水（大さじ2）でふやかしておく
	クリームチーズ … 150g
	※常温に戻しておく
	レモン汁 … 大さじ2
	レモンの皮 … 少々　※すりおろす
	ホワイトチョコレート … 60g
	※湯せんして溶かしておく
	生クリーム … 80mL
	※少しトロミがつくまで混ぜておく

作り方

1 型の底にスポンジを入れ、ヨーグルトの乳清をハケで塗る。

2 ボウルに **A** の卵黄を入れて泡立て器でほぐし、グラニュー糖を加えてよくすり混ぜてから、牛乳を加えて混ぜる。

3 鍋に 2 を入れ、弱火にかけて混ぜ続け、トロミがついたら火からおろし、ふやかしたゼラチンを加えて溶かし、粗熱を取る。

4 別のボウルにクリームチーズを入れ、水切りヨーグルト、レモン汁、レモンの皮を加え、泡立て器でクリーム状になるまでよく混ぜる。

5 4 に 3 と溶かしたホワイトチョコレートを加え、泡立て器で混ぜてなじませ、生クリームを加える。

6 5 を 1 の型に入れ、冷蔵庫で冷やし固める。

> *Point*
> 仕上げの段階で《透明なゼリー》を加えるときは、フルーツの上にそっと注ぎ入れます。チーズケーキの上に直接注ぎ入れると、表面に傷がついてしまう場合があります。

《透明なゼリー》

材料

（ケーキ型
直径15cm
1台分）

A	グラニュー糖 … 50g
	アガー … 12g
	水 … 200mL
	キルシュ … 大さじ1

作り方

1 鍋に **A** を入れて混ぜ、少しずつ水を加えて全体がなめらかになるまで混ぜる。中火にかけて混ぜ続け、透明になったら火からおろす。

2 キルシュを加えて混ぜ、一度ざるで漉し、粗熱を取る。

《仕上げ》

材料

	フルーツ
	（キウイフルーツ、オレンジ、いちご、ブルーベリー）… 各適量

作り方

1 キウイフルーツは皮をむき、横に薄く切ってから半月切りにする。オレンジは横に薄く切ってから、皮を取り除いて半月切りにする。いちごはヘタを取り、薄い輪切りにする。

2 《チーズケーキ》に 1 のフルーツとブルーベリーをのせ（→ *a*）、《透明なゼリー》を静かに注ぎ入れ（→ *b*）、冷蔵庫で冷やし固める。

3 型から抜き、器に盛る。

青空ゼリー

青空にモクモク浮かぶ、雲をイメージ。
ブルーハワイシロップを使っているので、
子どもも安心して食べられます。

《青いゼリー》

材料
(2〜3個分)

A
グラニュー糖 … 40g
アガー … 12g
炭酸水(加糖) … 300mL
ブルーハワイシロップ … 50mL

作り方

1 鍋に A を入れて混ぜ、少しずつ炭酸水とブルーハワイシロップを加えながら、さらに混ぜる。

2 中火にかけて混ぜ続け、トロミがついたら火からおろし、一度ざるで漉して、ボウルに入れる。

3 粗熱が取れたら、冷蔵庫で冷やし固める。

《ミルクゼリー》

材料
(2〜3個分)

A
グラニュー糖 … 40g
アガー … 8g
牛乳 … 200mL

作り方

1 鍋に A を入れて混ぜ、少しずつ牛乳を加えながら、さらに混ぜる。

2 中火にかけながら混ぜ、トロミがついたら火からおろし、一度ざるで漉して、ボウルに入れる。

3 粗熱が取れたら、冷蔵庫で冷やし固める。

《仕上げ》

器に《青いゼリー》と《ミルクゼリー》を、スプーンなどで粗くくずして交互になるように、等分に入れる。

Point
大人向けなら、ブルーハワイシロップの代わりに、ブルーキュラソーを使ってもおいしく作れます。

マスカットと巨峰のワインゼリー

爽やかな風味のマスカットと、
コクのある甘さの巨峰のマリアージュ。
ワインを加えた大人の味わいです。

材料
（ゼリー型
7〜8個分）

マスカット … 20〜24粒
巨峰 … 20〜24粒
A┌ 白ワイン … 100mL
  │ はちみつ … 大さじ1
  └ レモン汁 … 大さじ1
水 … 100mL
B┌ グラニュー糖 … 50g
  └ アガー … 28g
マスカットワイン … 200mL
※なければ、白ワインでも可

作り方

1 マスカットと巨峰は、皮つきのまま横半分に切る（タネがあれば
  取り除く）。
2 ボウルに1の巨峰と**A**を入れ、1時間ほどマリネする。
3 鍋に水と**B**を入れて混ぜ、2を加えて中火にかけて混ぜ続ける。
  トロミがついたらマスカットワインを入れて混ぜ、火からおろす。
  1のマスカットを加えて混ぜる。
4 型に等分に入れ、冷蔵庫で冷やし固める。
5 型から抜き、器に盛る。

> *Point*
> 巨峰をマリネすることで、ゼリーがきれいな
> 紫色に染まります。

七夕ゼリー

夜空の天の川をイメージしました。
色の違うゼリーやフルーツを星型に抜いて、
絵を描くように並べましょう。

牛乳ゼリーの上に、
空色のゼリーを重ね
ると、青い色がきれ
いに見えます。

《牛乳ゼリー》

材料
（アクリルケース
252×126
×40mm　1台分）

A［グラニュー糖 … 50g
　　アガー … 12g
　牛乳 … 250mL

作り方

1　鍋に **A** を入れて混ぜ、少しずつ牛乳を加えて混ぜる。
2　中火にかけて混ぜ続け、トロミがついたら、火からおろす。ざるで漉しながらアクリルケースに入れ、冷蔵庫で冷やし固める。

《空色のゼリー》

材料
（アクリルケース
252×126
×40mm　1台分）

A［グラニュー糖 … 20g
　　アガー … 12g
B［水 … 240mL
　　ブルーハワイシロップ … 大さじ2〜3

作り方

1　鍋に **A** を入れて混ぜ、混ぜておいた **B** を少しずつ加え、さらに混ぜる。
2　中火にかけて混ぜ続け、トロミがついたら火からおろし、ざるで漉してボウルに入れ、粗熱を取る。

《仕上げ》

1　《牛乳ゼリー》に、《飾りのフルーツ＆2色のゼリー》をのせる。
2　《空色のゼリー》を少しずつ入れ、冷蔵庫で冷やし固める。

> *Point*
> 仕上げに、《空色のゼリー》を注ぐとき、飾りのゼリーとフルーツのすき間に、少しずつ静かに注ぎましょう。

《飾りのフルーツ＆2色のゼリー》

材料
（作りやすい分量）

A［グラニュー糖 … 30g
　　アガー … 12g
　ぶどうジュース … 250mL
　水 … 200mL
　ブルーハワイシロップ … 50mL
　キウイフルーツ … 適量
　黄桃(缶詰) … 適量

作り方

1　（ぶどうゼリー）鍋に **A** の半量を入れて混ぜ、少しずつぶどうジュースを加えながら、さらに混ぜる。
2　中火にかけて混ぜ続け、トロミがついたら火からおろし、粗熱が取れたらバットに入れ、冷蔵庫で冷やし固める。
3　（青いゼリー）別の鍋に **A** の残りを入れて混ぜ、水とブルーハワイシロップを混ぜておき、少しずつ加えながら、さらに混ぜる。
4　中火にかけて混ぜ続け、トロミがついたら火からおろし、粗熱が取れたらバットに入れ、冷蔵庫で冷やし固める。
5　2 のぶどうゼリーは、大小の星型で抜く。4 の青いゼリーは、大小の星型で抜き（→ *a*）、さらに包丁で天の川の形に切る。
6　（飾りのフルーツ）キウイフルーツと黄桃は、薄切りにして小さい星型や月型で抜く。

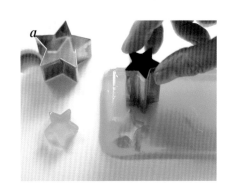

レインボーカラーゼリー

透明で凹凸のない形のグラスを選ぶと、
きれいなレインボーカラーが映えます。
遊び心があるゼリーです。

材料
(2個分)

A ⌈ アガー … 2 g ⌉ ×7
 ⌊ 砂糖 … 10g ⌋

色粉(食用色素)：紫、青、緑、黄、赤 … それぞれ微量

水 … 100mL×6

オレンジジュース … 100mL

※適した色のジュースやシロップがあれば、それを使って色粉を足してもよい

例) 紫＝ぶどうジュース
　　青＝ブルーハワイシロップ
　　黄＝パイナップルジュース
　　赤＝いちごシロップ

作り方

1　色粉をごく少量の水（分量外）でのばし、水 100mL を加えて、
　6色のジュースを作る。藍と青は、青の色粉の量を調節して濃淡
　をつける。橙はオレンジジュースを使う。

2　鍋に A を入れて混ぜ、少しずつ紫のジュースを加えながら、さ
　らに混ぜる。

3　中火にかけて混ぜ続け、トロミがついたら、火からおろす。

4　粗熱が取れたら、2個の器に半量ずつ入れる。紫が固まったら、
　藍のゼリーを作り、青、緑、黄、橙、赤の順に固めながら、重ね
　ていき、冷蔵庫で冷やす。

Point
色別に同じ作業を 7 回繰り返すため、完成ま
でに時間がかかります。十分に余裕をみて作っ
てください。

いちごゼリーのフルーツパフェ

いちごゼリーをふんだんに使った、華やかな一品。
シリアルの食感がアクセントに。

材料
（作りやすい分量）

水 … 160mL
A ┌ グラニュー糖 … 20g
　　 └ アガー … 10g
いちごジャム … 100g

シリアル … 適量
生クリーム（ホイップ）… 適量
バニラアイスクリーム（市販）… 適量
メロン … 適量
チョコレートシロップ … 適量
チェリー（缶詰）… 適量

作り方

1　鍋に水と **A** を入れて混ぜ、中火にかけて混ぜ続け、トロミがついたら、火からおろす。いちごジャムを加えて混ぜる。
2　ボウルに入れ、冷蔵庫で冷やし固める。
3　器に、スプーンなどでくずした 2 のいちごゼリーを入れ、シリアル、生クリームの順に加える。さらに、シリアル、2 のいちごゼリー、バニラアイスクリーム、メロンをのせ、生クリームを絞る。
4　仕上げに、バニラアイスクリームにチョコレートシロップをかけ、チェリーを添える。

> *Point*
> いちごジャム以外にも、りんごやマーマレード、あんずやブルーベリーなどのジャムでも同様に作れます。

パイナップルゼリー

パイナップルの冠芽の部分を残すと、
見栄えがよくなります。
そのままスプーンですくって、
豪快にいただくのもよいでしょう。

材料

（小さめの
パイナップル1個分）

パイナップル … 1個（約600g／正味）
A ┌ グラニュー糖 … 40g
　　 └ アガー … 20g
パイナップルジュース … 300mL
レモン汁 … 大さじ1

作り方

1 パイナップルは縦半分に切り、果肉をくり抜いて芯を取り除き、小さめに刻む。

2 鍋に **A** を入れて混ぜ、少しずつパイナップルジュースを加えて混ぜる。

3 中火にかけて混ぜ続け、トロミがついたら、火からおろす。

4 ボウルに入れて氷水にあて、粗熱が取れたら 1 の果肉とレモン汁を加え、トロミがつくまで混ぜる。

5 パイナップルの皮の器 2 つに、4 のパイナップルゼリーを等分に入れ、冷蔵庫で冷やし固める。

水まんじゅう

水ゼリー(→p.62)と似ていますが、
こちらは片栗粉を加えてもっちり感を出し、
こしあんを入れています。

材料

(8個分)
耐熱ガラス小鉢
1個＝約50mL

A ［ グラニュー糖 … 40g
　　アガー … 12g
　　片栗粉 … 大さじ1

水 … 400mL

こしあん(市販) … 120g

Point

黒あん以外に、白あん、抹茶あん、いちご
あんなど、いろいろなあんこで作れます。

作り方

1　鍋に **A** を入れ、少しずつ水を加えてよく混ぜる。

2　中火にかけて混ぜ続け、トロミがついたら、火からおろす。

3　小鉢の半分ほど 2 を入れ、表面が固まりかけたらこしあん(15g)をのせ、残りの 2 を加える。これを 8 個作る。

4　冷蔵庫で冷やし固め、小鉢から抜き、器に盛る。

PART 4

/

[Jelly Lesson]

ゼラチン・寒天・アガーを、もっと知ろう

「液体を固める」という作用は、
ゼラチン・寒天・アガーの共通点です。
ただし、固めにくいフルーツがあったり、
細かい扱い方など異なる点もあります。

ゼラチンは基本的に要冷蔵ですが、
寒天やアガーは、
常温でも溶けない性質があり、
手軽に持ち運びもできます。

透明度、口当たり、風味なども、
微妙な違いがあって、
それぞれの特徴をうまく活かせれば、
おいしいスイーツができます。

ゼラチン・寒天・アガーの違い

ゼラチンはタンパク質(コラーゲン)、寒天とアガーは海藻が原材料です。

食感は、ゼラチンは口溶けがよく、寒天は歯切れがよく、アガーは弾力があります。

使うときにひとつだけ気をつけたいのは、ゼラチンや寒天は柑橘系の酸味の強い食材を使うと、
固まりにくいという性質があることです。

また、右ページのように、透明度はアガーがもっとも高く、ゼラチン、寒天と続きます。

なかでも寒天は、砂糖の量によって、透明度が変わることがわかります。

[特 徴]

	ゼラチン	寒天	アガー
原材料	牛や豚の骨や皮に含まれるコラーゲン（タンパク質の一種）	テングサやオゴノリなどの海藻	カラギーナン（海藻の抽出物）、ローカストビーンガム（マメ科の種子の抽出物）などを混合したゲル化剤
味・香り	かすかに動物性の香り	かすかに海藻の香り	無味・無臭
固さ	やわらかく固まる	とても強く固まる	強く固まる
食感	つるんとして、口溶けがよい	歯切れよく、ほろりとする	ぷるぷるした弾力がある
色・透明度	透明感のある薄い黄色	白濁	無色透明
固まる温度	冷蔵庫（20℃以下）	常温（40~50℃以下）	常温（30~40℃以下）
固めたものが溶ける温度	夏場は常温でも溶ける	常温でも溶けない	常温でも溶けない
カロリー（本書のレシピでは3~4人分）	17.2kcal（5g）	6.6kcal（4g）	64kcal（20g）
栄養素	タンパク質（コラーゲン）	主に食物繊維	主に食物繊維
固まりにくい食材（加熱すると固まる）	・タンパク質分解酵素が含まれる食材（キウイフルーツ、パイナップル、パパイヤ、メロン、しょうがなど）・酸味の強い食材（オレンジ、グレープフルーツ、レモン、梅果汁など）・アルコール度数が高い食材	・酸味の強い食材（オレンジ、グレープフルーツ、レモンなどの果肉や果汁）	・酸味の強い食材（オレンジ、グレープフルーツ、レモンなどの果肉や果汁）

［ 透 明 度 と 色 の 比 較 ］

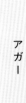

アガー
もっとも透明度が高く、無色。
チェリーが鮮明に見える

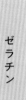

ゼラチン
透明度が高く、薄い黄色。
アガーと比べると少し透明度は落ちるが、
チェリーがくっきり見える

砂糖の量によって、
透明度が
変わってくる

寒天（砂糖100g入）
白濁しているが、
チェリーが
はっきり見える

寒天（砂糖50g入）
白濁して、
チェリーがうっすら見える

寒天（砂糖0g）
かなり白濁して、
チェリーがぼやけて見える

※粉ゼラチン、粉寒天を使っています

ゼラチン の特徴

ゼラチンの形状は「板、粉、顆粒」の
3種類があります。
それぞれの使い方と、扱い方のコツ、
固さの比較を紹介しましょう。

[ゼラチンの種類と使い方]

板ゼラチン

・1枚当たりの重さが一定しているので、量りやすい
・ふやかす時間が短いため、作業効率がいい
・ゼラチンの中で、固まったときの透明度がもっとも高い

使い方

氷水に1枚ずつ離して入れてふやかし、
ざるにあける。

本書ではこれを
使っています

粉ゼラチン

・板ゼラチンを粉状にしたもの
・粉末なので少量ずつ使用でき、家庭でよく使われる
・ふやかす水の量が一定なため、
　いつも同じ固さにすることができる

使い方

ゼラチン5gに対して大さじ2の水の中にふり入れ、
少しおいてふやかす。ふやけたかどうかの目安は、
全体が均一な状態になり、まだらではないこと。

顆粒ゼラチン

・ふやかす必要がないため、ふやかすための液体がいらず、
　全体の味が薄まらない

使い方

熱した液体（50℃～60℃）にそのままふり入れて、溶かす。

[ゼラチンを固めるコツ]

沸騰させないで使う

ゼラチンを入れて沸騰させると、固まる力が弱まる。ゼラチンは60℃以上に加熱しないように注意する。

柑橘類などと使うとき

オレンジジュースなど酸味の強いものを固めるときは、最初にゼラチンを水で溶かして加熱し、粗熱を取ってから果汁を加えると固まる。

生のパイナップルやキウイフルーツと使うとき

タンパク質分解酵素が含まれるフルーツと使うときは、果汁を沸騰させ、60℃に冷ましてから、ゼラチンを加えると固まる。
※フルーツ缶詰は、加熱処理してあるのでOK

[200mLのりんごジュースに、粉ゼラチンの量を変えて、固さを比較]

粉ゼラチン10gの場合

・スプーンですくったとき、表面はほとんど揺れず、角が立って断面が粗い
・つるんとした食感で、しばらく形が残る

粉ゼラチン5gの場合

・スプーンですくい、軽く揺すると、ぷるぷるして小さく揺れる。大きくすくうと、ゆっくり落ちていく
・つるんとした食感で口溶けがよく、喉ごしがなめらか

粉ゼラチン2gの場合

・スプーンですくい、軽く揺すると波打つ。大きくすくうと、すぐにくずれ落ちる
・この状態では、型に入れて取り出すことはできない
・トロリとした食感で、すぐに溶ける

寒天
の特徴

寒天の形状は「棒、糸、粉」の3種類があります。
それぞれの使い方と、
扱い方のコツ、固さの比較を紹介しましょう。

[寒天の種類と使い方]

棒寒天（角寒天）

・海藻（テングサ、オゴノリなど）を煮て棒状の型に入れて
　固め、凍結してから乾燥させたもの

使い方

たっぷりの水に、手で小さくちぎって入れ、
一晩かけてふやかす。分量の水に入れ、
沸騰したら1〜2分煮て、しっかり溶かす。

糸寒天

・棒寒天を、糸状にしたもの
・和菓子によく使われる
・寒天の中では一番透明感がある

使い方

たっぷりの水にそのまま入れ、しっかりふやかす。
分量の水に入れ、沸騰したら1〜2分煮て、しっかり溶かす。

本書ではこれを
使っています

粉寒天

・棒寒天を加工して粉状にしたもの
・扱いやすいため、家庭でよく使われる

使い方

分量の液体にふり入れて沸騰させ、しっかり溶かす。

[寒天を固めるコツ]

煮溶かしてから使う

粉寒天はゼラチンのようにふやかして使わない。水にふり入れて2〜3分しっかり加熱して寒天液を作り、あんこや牛乳を加える。

牛乳と使うとき

牛乳は熱で乳成分が固まるので、寒天液の温度を80℃以下にしてから、牛乳を加える。

酸味の強い具を入れるとき

柑橘類など酸味の強い果肉を入れるときは、寒天を溶かした液を作り、粗熱を取ってから加えて混ぜる。

[250mLのりんごジュースに、粉寒天の量を変えて、固さを比較]

粉寒天5gの場合

・スプーンですくい、軽く揺すっても揺れず、角が立って断面が粗い
・包丁できれいに切り分けられる
・歯切れよく、ほろりとした食感

粉寒天2.5gの場合

・スプーンですくい、軽く揺すると、全体が小さく揺れる
・ほろりとした食感で、口溶けがよい

アガー
の 特 徴

アガーの形状は、基本的に「粉」1種類です。
すぐに固まる性質があるため、
使うときの注意点を紹介しましょう。

・アガーは寒天の仲間。海藻類に天然のゲル化材が
　プラスされているため、使用量が多く、
　その分カロリーも高くなる

［　アガーが固まったときの状態　］

・スプーンですくい、軽く揺すっても揺れず、断面がなめらか
・包丁できれいに切り分けられる
・ぷるぷるした弾力のある食感で、しばらく形が残る

※写真は200mLのりんごジュースに、アガー10ｇを入れたものです。
　アガーを5ｇにすると、かなりやわらかくなります

［　アガーを固めるコツ　］

柑橘類などと使うとき
酸味の強い柑橘類（果汁など）と煮立てると、固
まりにくいことがある。

作業は手早くする
常温ですぐに固まるので、調理の途中で固まっ
てしまうことも。手早く仕上げることが肝心。

ヨーグルトや乳酸飲料と使うとき
分離したり、固まりにくくなったりする場合も
ある。

液体と混ぜてから使う
ダマになりやすいので、料理に使うときは、火に
かける前に、砂糖や液体とよく混ぜてから使う。
火にかけてからもひたすら混ぜ続けるのがコツ。

ゼリーを型から
きれいに抜くコツ

せっかく作っても、型から抜くのに失敗すると、
見た目が美しくなく、残念な結果に。
ちょっとしたコツで、フィニッシュを決めましょう。

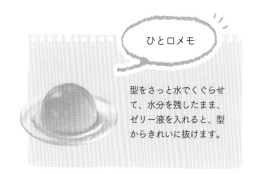

ひと口メモ

型をさっと水でくぐらせ
て、水分を残したまま、
ゼリー液を入れると、型
からきれいに抜けます。

（ ゼラチン ）

1 ぬるま湯でさっと温める（5秒程度）。長くつけ
　すぎたり、温度が高すぎると、ゼラチンが溶け
　出すので要注意。

2 ゼリー型を指で軽く押して皿にかぶせる。それ
　でも抜けないときには、2〜3回、軽くふりな
　がら皿に落とすようにする。

（ 寒天・アガー ）

1 指先で中央を押さえ、型から浮かせるようにす
　る。

2 指先を添えて、静かに皿に抜く。勢いよく抜く
　と、皿の外へ飛び出してしまう。

著者

大越郷子 （おおこし さとこ）

管理栄養士、フードコーディネーター
1991年、服部栄養専門学校を卒業し、病院の栄養士として勤務。
その後、フリーランスになり、雑誌・書籍の料理制作、栄養指
導、製菓学校の講師として活躍。アイデア豊富で、ヘルシーな
料理が好評。『かわいい寒天スイーツ』（日東書院本社）『ひん
やり さっぱり ゼリー寄せ』（誠文堂新光社）など、著書多数。

調理アシスタント　田村有希

スタッフ
ブックデザイン　根本綾子(karon)
撮影　　　　　　吉田篤史、大泉省吾(p.89〜96)
スタイリング　　宮沢ゆか
編集協力　　　　雨宮敦子(Take One)

ゼラチン・寒天<ruby>寒天<rt>かんてん</rt></ruby>・アガー　使<ruby>使<rt>つか</rt></ruby>いかたのコツがわかる
思<ruby>思<rt>おも</rt></ruby>わず見<ruby>見<rt>み</rt></ruby>とれるゼリースイーツ

2020年5月12日　発　行　　　　　　　　　　　　　　　　　　NDC596
2022年5月10日　第3刷

著　者　　大越郷子
発行者　　小川雄一
発行所　　株式会社 誠文堂新光社
　　　　　〒113-0033 東京都文京区本郷3-3-11
　　　　　電話03-5800-5780
　　　　　https://www.seibundo-shinkosha.net/
印刷・製本　図書印刷 株式会社